Analyse der Arbeiterbildung im prophetischen Buch Hesekiel

Die Lehre von der Arbeit in der Bibel, Volume 17

Biblische Predigten

Published by Seminit Publications, 2024.

While every precaution has been taken in the preparation of this book, the publisher assumes no responsibility for errors or omissions, or for damages resulting from the use of the information contained herein.

ANALYSE DER ARBEITERBILDUNG IM PROPHETISCHEN BUCH HESEKIEL

First edition. April 30, 2024.

Copyright © 2024 Biblische Predigten.

Written by Biblische Predigten.

Inhaltsverzeichnis

Dedication

Hesekiel 16:15. *Aber du hast dich auf deine Schönheit verlassen und hast um deines Ruhmes willen die Hure gespielt und hast deine Hurerei über alle ausgegossen, die vorübergingen; das war dein eigen. Und du hast deine Kleider ausgezogen und deine Höhen mit bunten Farben geschmückt und hast auf ihnen gehurt; das soll nicht geschehen, und es soll auch nicht geschehen.*

Sobald die Israeliten reich und mächtig wurden, begannen sie, falschen Göttern Altäre zu bauen. Sie entweihten die Schätze, die Gott ihnen gegeben hatte, um sich Götzen zu machen; und Gott nennt dies geistliche Hurerei, die Abkehr von dem einen wahren Gott, der der Bräutigam des Volkes war, um falschen Göttern zu folgen. Es ist ein schlechtes Zeichen für jeden von uns, wenn Gottes Segnungen zu Götzen werden. Wenn du anfängst, deinen Reichtum, deine Gesundheit, deine Kinder, dein Wissen oder irgendetwas, das Gott dir gegeben hat, anzubeten, ist das eine übermäßige Provokation des Allerhöchsten; es ist ein Bruch des Ehebundes zwischen deiner Seele und Gott. Der Rest des Kapitels ist eher für die private Lektüre als für die öffentliche Versammlung geeignet. Es gibt ein wahrhaft schreckliches Bild von Israels Sünde und häufen sich die schrecklichsten Beschreibungen der Art und Weise, in der sich das Volk von Gott abwandte. Ich gestehe, dass ich, nachdem ich dieses Kapitel zu Ende gelesen habe, erstaunt bin, dass es so enden soll. Es ist ein erstaunliches Beispiel für Gottes unveränderliche Liebe.

— **Charles Spurgeon**

Einführung in das Buch Hesekiel

Ein Leben mit Gott ist nicht nur eine Frage der persönlichen Anbetung und Hingabe. Zu einem Leben mit Gott gehört auch ein rechtschaffenes Leben, sei es am Arbeitsplatz, zu Hause, in der Kirche oder in der Gesellschaft. Dies steht nicht im Widerspruch zu der Lehre, dass die Erlösung allein aus Gnade durch den Glauben an Jesus Christus geschieht (Römer **5,1**), sondern weist darauf hin, dass das Leben mit Gott mit dem Glauben an Christus beginnt und durch ein rechtschaffenes Leben in allen Bereichen des Lebens vollendet wird.

Im Buch Hesekiel finden wir einen fesselnden Bericht über das Leiden des jüdischen Volkes, das als Gefangene im Eroberungsreich Babylon in Ungewissheit und Unterdrückung - ja sogar im Tod - lebt. Auf die Frage, warum Gott sie so leiden lässt, gibt Hesekiel Gottes Antwort: wegen ihres ungerechten Lebenswandels (Hesek **18,1-17**). Israels ungerechtes Verhalten betraf alle Lebensbereiche: Ehe und Sexualität, Gottesdienst und Götzendienst, Handel und Regierung.

Wir konzentrieren uns auf Arbeitspraktiken, und Ezekiel hat eine Menge über den Arbeitsplatz zu sagen. In seinen Worten geht es um Themen wie Finanzen und Schulden, wirtschaftliche Entwicklung, Ehrlichkeit, Kapitalzuteilung, Arbeitsbewertung, faire Rendite, wirtschaftlichen Opportunismus, Erfolg und Misserfolg, Whistleblowing, Teamarbeit, Managergehälter und Unternehmensführung. Darüber hinaus gibt uns Hesekiels kraftvoller Ruf zur Prophetie ein Beispiel dafür, wie Gott zu einer bestimmten Art von Arbeit aufruft.

Hesekiels Berufung zum Prophetentum (Hesekiel 1-17)

Beginnen wir, wie das Buch beginnt: mit Gottes Berufung zum Propheten. Als wir Hesekiel, einen Nachkommen Levis, des Sohnes Jakobs, kennenlernen, ist er von Beruf Priester (Hesek **1,2**). Als solcher bestand seine tägliche Arbeit darin, die Tiere zu schlachten, zu schlachten und zu braten, die die Menschen in den Tempel in Jerusalem brachten. Als Priester war er auch der moralische und geistliche Führer des Volkes, der das Gesetz Gottes lehrte und Streitigkeiten schlichte (Lev **10,11**; Dtn **17,8-10**; **33,10**).

Sein priesterliches Wirken wurde jedoch gewaltsam unterbrochen, als er bei der ersten Deportation der Juden aus Jerusalem im Jahr **605** v. Chr. nach Babylon verschleppt wurde. In Babylon wurde die jüdische Gemeinschaft im Exil von zwei Fragen geplagt: *"War Gott ungerecht zu uns?"* und *"Womit haben wir das verdient?"* Psalm **137,1-4 beschreibt die** Verzweiflung dieser Juden im Exil sehr gut:

An den Strömen Babylons sitzen wir und weinen und denken an Zion. An den Weiden in ihrer Mitte haben wir unsere Harfen aufgehängt. Denn dort baten uns die, die uns gefangen hielten, um Lieder, und die, die uns quälten, baten uns um Freude und sagten: *"Singt uns ein Lied von Zion; wie können wir das Lied des Herrn singen in einem fremden Land?*

Im babylonischen Exil erhält Hesekiel einen gewaltigen Ruf von Gott. Wie die Berufung Jesajas (Jes **6**,1-8) beginnt auch Hesekiels Berufung mit einer Vision Gottes (Hes **1**,4-2,8) und endet mit dem Befehl, Prophet zu werden. Direkte Berufungen zu einer bestimmten Art von Arbeit sind in der Bibel selten, und Hesekiels Berufung ist eine der auffälligsten. Obwohl Hesekiels ursprüngliche Berufung das Priesteramt war, rief Gott ihn zu einer prophetischen Laufbahn, die sowohl politisch als auch religiös war. Es ist logisch, dass die Vision, in der er seine Berufung erhielt, politische Symbole wie Räder (Hesekiel **1**,16), ein Heer (Hesekiel **1**,24), einen Thron (Hesekiel **1**,26) und einen Wächter (Hesekiel **3**,17) enthielt, aber keine priesterlichen Symbole. Hesekiels Berufung sollte der Vorstellung ein Ende setzen, dass Gottes Berufung Menschen aus ihren weltlichen Berufen in den kirchlichen Dienst führt. Oder genauer gesagt, Hesekiel sieht, wie das ganze alte Volk Israel, keinen Beruf als säkular an. Welche Arbeit wir auch immer tun, sie spiegelt unsere Beziehung zu Gott wider; es besteht keine Notwendigkeit, den Beruf zu wechseln, um eine Arbeit zu tun, die Gott dient.

Hesekiels prophetische Laufbahn beginnt mit dem Exil in Babylon, elf Jahre vor der endgültigen Zerstörung Jerusalems. Als erstes bittet Gott ihn, die falschen Versprechungen der falschen Propheten zu widerlegen, die den Verbannten versicherten, dass Babylon besiegt würde und sie bald nach Hause zurückkehren könnten. In den ersten Kapiteln des Buches hat Hesekiel eine Reihe von Visionen, in denen er die Schrecken der Belagerung Jerusalems und dann das Gemetzel bei der Einnahme der Stadt beschreibt.

Die Verantwortung für Israels Krise (Hesekiel 18)

Die Frage "*Womit haben wir das verdient?*", die die Juden im Exil stellten, rührt von dem Irrglauben her, dass sie für die Taten ihrer Vorfahren und nicht für ihre eigenen Taten bestraft wurden. Wir sehen das an dem falschen Sprichwort, das sie zitieren: "*Die Väter essen saure Trauben, aber die Kinder haben Zahnschmerzen*" (Hesek **18,2**). Es ist klar, dass Gott diese Aussage ablehnt. Hier geht es darum, dass die Exilanten sich weigern, die Verantwortung für ihre Situation zu übernehmen, indem sie behaupten, die Sünden früherer Generationen seien daran schuld. Gott macht deutlich, dass jeder Mensch nach seinen eigenen Taten beurteilt wird, ob er nun gerecht oder böse ist. Die Metapher des gerechten Mannes (Hesek **18,5-9**), seines sündigen Sohnes (Hesek **18,10-13**) und seines gerechten Enkels (Hesek **18,14-17**) verdeutlicht, dass die Menschen nicht für die Moral ihrer Vorfahren verantwortlich sind. Gott zieht die "*Seele*" *eines* jeden Menschen zur Verantwortung. Dennoch weisen Gelehrte zu Recht darauf hin, dass Hesekiel einen gemeinschaftlichen Fokus hat.

Gerechtigkeit wird auf individueller Basis gefordert, aber Gottes Wiederherstellung wird erst dann stattfinden, wenn das ganze Volk gerecht lebt. Gott verlangt also, dass die Exilanten rechtschaffen leben und als Volk Rechenschaft ablegen, unabhängig davon, was frühere Generationen getan haben.

In Hesekiel **18:5-9** werden mehrere moralische und gottesfürchtige Handlungen genannt, sowohl gerechte als auch ungerechte, die zu den Grundsätzen werden, nach denen ein Mensch "*lebt*" oder "*stirbt*". Vier dieser Handlungen haben mit Arbeit zu tun: dem Schuldner das Pfand zurückgeben, sich um die Armen kümmern, keine übermäßigen Zinsen verlangen und gerecht arbeiten. Die Nichteinhaltung gerechter und rechtschaffener Normen - oder schlimmer noch, das wahllose Vergießen des Blutes eines anderen - wird mit der *Todesstrafe geahndet*" (Hesek **18,13**).

Der Gerechte tadelt nicht, er gibt dem Schuldner das Pfand zurück (Hesekiel 18:5, 7).

———

Dieser Grundsatz verbindet die allgemeine Sünde der Unterdrückung (hebräisch daka) mit der besonderen Sünde, etwas nicht zurückzugeben, das als Pfand (hăbōl) für ein Darlehen genommen wurde. Um dieses Prinzip zu verstehen und anzuwenden, beginnen wir mit dem israelitischen Gesetz über das Verleihen, wie es im *Anchor Yale Bible Dictionary* zusammengefasst ist:

In der hebräischen Bibel wird die Notwendigkeit von Krediten offen eingeräumt, und es wird versucht, die Erhebung von Zinsen bei Schuldnern zu vermeiden. Die Kreditzinsen im alten Nahen Osten konnten nach modernen Maßstäben exorbitant hoch sein (und konnten im Voraus, von Beginn des Kredits an, erhoben werden). Der Versuch, die Darlehensgeber davon zu überzeugen, auf mögliche Gewinne zu verzichten, beruhte auf der Sorge um die Gemeinschaft, die Gott aus der Sklaverei befreit hatte. Ein Bruder könnte in Armut geraten und einen Kredit benötigen, aber im Namen desselben Herrn, der sagt: *"Ich habe dich aus Ägyptenland geführt"* (Lev **25,35-38**), sollten keine Zinsen erhoben werden. Der Wunsch, Zinsen zu verlangen, wird als gefährlich angesehen, weil er Israel dazu bringen könnte, eine Form der Sklaverei gegen eine andere - wirtschaftliche - Form der Unterdrückung einzutauschen. Es ist wichtig, darauf hinzuweisen, dass es in ganz Levitikus **25** genau darum geht, die

Integrität dessen zu bewahren, was Gott erlöst hat, und zwar in Bezug auf die Befreiung, die während der Sabbat- und Jubeljahre stattfinden sollte (Lev **25,1-34**), in Bezug auf Darlehen (Lev **25,35-38**) und in Bezug auf Personen, die als Knechte angestellt wurden (Lev **25,39-55**). Das Recht des Darlehensgebers, ein Pfand zu erhalten, wird implizit durch die Vorschrift anerkannt, keine Zinsen zu erwarten, und darüber hinaus ist es verboten, mit den erhaltenen Pfändern ungebührlich umzugehen (siehe Exodus **22,25-27**; Deuteronomium **24,10-13**). Bestimmte Verpfändungen können jedoch, wenn sie richtig gehandhabt werden, eigene Vorteile bringen, und außerdem können von Ausländern ohnehin Zinsen verlangt werden (siehe Levitikus **23,19-20**). Selbst bei einer strengen Auslegung der Thora konnte ein Geldverleiher seinen Lebensunterhalt verdienen.

Nach dem mosaischen Gesetz war es für einen Kreditgeber im Allgemeinen nicht legal, einen Gegenstand, der als Sicherheit für einen Kredit gegeben wurde, dauerhaft zu beschlagnahmen. Im Allgemeinen erlauben die modernen Bankgesetze den Kreditgebern, die als Sicherheit gestellten Gegenstände zu behalten (wie in Pfandhäusern) oder sie zu pfänden (wie bei Hypotheken- oder Autokrediten). Ob das gesamte moderne Sicherheitssystem unbiblisch ist, würde den Rahmen dieses Kapitels sprengen.

Moderne Gesetze beschränken oder regeln auch das Verfahren, mit dem ein Kreditgeber in den Besitz von Sicherheiten gelangen kann. So ist es für einen Kreditgeber in der Regel illegal, ein mit einer Hypothek belastetes Haus zu besetzen und den Kreditnehmer zu zwingen, es zu verlassen, während der Kreditnehmer während eines Konkursverfahrens unter gerichtlichem Schutz steht. Würde ein Kreditgeber dies dennoch tun, wäre dies eine Form der Unterdrückung. Dies könnte nur geschehen, wenn der Kreditgeber die Macht und die Straffreiheit hätte, außerhalb des Gesetzes zu handeln.

Ganz grundsätzlich sagt Gott in Hesekiel **18:7**: *"Du sollst nicht das Gesetz brechen, um zu bekommen, was dir rechtmäßig zusteht, auch wenn du die Macht hast, damit durchzukommen"*. In der realen Geschäftspraxis betreiben die meisten Kreditgeber (mit Ausnahme von Kredithaien) keine Zwangsvollstreckung außerhalb des Gesetzes. Daher ist Hesekiel **18,7** für moderne Leser, die in der Geschäftswelt tätig sind, vielleicht gar nicht so schwierig.

Aber nicht so schnell. Dem gesamten alttestamentlichen Gesetz über die Kreditvergabe liegt die Annahme zugrunde, dass Kredite in erster Linie zum Wohle des Kreditnehmers und nicht des Kreditgebers vergeben werden. Der Grund, warum man jemandem Geld leiht und dafür seinen Mantel als Pfand nimmt, selbst wenn man den Mantel nur bis zum Sonnenuntergang behalten kann, ist, dass man Geld zu entbehren hat und der Kreditnehmer es braucht. Als Kreditgeber haben Sie das Recht, sicher zu sein, dass Sie Ihr Geld zurückbekommen, aber nur, wenn der Kreditnehmer genug davon profitiert hat, um es Ihnen zurückzuzahlen. Sie sollten kein Darlehen gewähren, von dem Sie wissen, dass der Kreditnehmer es wahrscheinlich nicht zurückzahlen wird, weil Sie die Sicherheiten nicht unbegrenzt halten können.

Dies gilt natürlich auch für die Hypothekenkrise von **2008-2009**.   Subprime-Kreditgeber   vergaben

Hypothekenkredite, von denen sie wussten, dass Millionen von Kreditnehmern sie wahrscheinlich nicht zurückzahlen würden. Um ihre Investitionen wieder hereinzuholen, verließen sich die Kreditgeber auf steigende Hauspreise und ihre Fähigkeit, einen Verkauf zu erzwingen oder die Immobilie wieder in Besitz zu nehmen, wenn der Kreditnehmer in Verzug geriet. Kredite wurden ohne Rücksicht auf den Gewinn des Kreditnehmers vergeben, solange sie den Kreditgebern zugute kamen. Zumindest war das die Absicht. In Wirklichkeit drückte das plötzliche Auftauchen von Hunderttausenden von zwangsvollstreckten Immobilien auf dem Markt die Immobilienwerte so sehr, dass die Kreditgeber auch nach der Zwangsvollstreckung Geld verloren. Gottes Erklärung um **580 v. Chr.**, dass *"das Blut des Unterdrückers auf sein Haupt fallen wird"* (Hesekiel **18**:13), erwies sich für das Bankensystem im **Jahr 2000 n. Chr.** als wahr.

Die göttliche Verurteilung von Geschäften, die dem Käufer keinen Nutzen bringen, muss nicht auf verbriefte Schulden beschränkt sein. Hesekiel **18,7** bezieht sich auf Kredite, aber das gleiche Prinzip gilt für Produkte aller Art. Das Vorenthalten von Informationen über die Mängel und Risiken eines Produkts, der Verkauf von Produkten, die teurer sind als der Käufer benötigt, die falsche Abstimmung der Produktvorteile mit den Bedürfnissen des Käufers - all diese Praktiken ähneln der in Hesekiel **18,7** beschriebenen Unterdrückung. Sie können sogar in wohlmeinenden Unternehmen eingeführt werden. Sie können sich sogar in wohlmeinende Unternehmen einschleichen. Sie können sich sogar in wohlmeinende Unternehmen einschleichen, es sei denn, der Verkäufer macht das Wohl des Käufers zu einem unantastbaren Ziel des Verkaufsgeschäfts. Sich um den Käufer zu kümmern, heißt in der Terminologie Hesekiels zu *"leben"*.

Der Gerechte stiehlt nicht, sondern speist den Hungrigen und kleidet den Nackten" (Hesekiel 18,7).

Es mag eine seltsame Kombination von Ideen sein - wer könnte schon gegen das Verbot des Stehlens argumentieren? Aber was ist die Verbindung zwischen Stehlen und der Verpflichtung, die Hungrigen zu speisen und die Nackten zu bekleiden? Wie in Hesekiel **18,7a** besteht die Verbindung in der Verpflichtung, für das wirtschaftliche Wohlergehen anderer zu sorgen. In diesem Fall sind die *"Anderen"* jedoch nicht das Gegenstück zu einer geschäftlichen Transaktion, sondern einfach jeder, dem wir an einem bestimmten Tag begegnen. Wenn Sie jemanden kennen, der etwas hat, das er braucht, Sie aber haben wollen, sollten Sie ihn nicht bestehlen. Wenn Sie jemanden kennen, dem etwas fehlt, wovon Sie zu viel haben, sollten Sie es ihm geben oder zumindest für seine Grundbedürfnisse wie Nahrung und Kleidung sorgen.

Hinter dieser etwas überraschenden Warnung verbirgt sich das Wirtschaftsgesetz Gottes: Wir sind Verwalter und nicht Eigentümer von allem, was wir haben. Wir sollen den Reichtum als gemeinsamen Reichtum betrachten, denn alles, was wir haben, ist ein Geschenk Gottes, damit niemand von uns arm ist (Dtn **6,10-15; 15,1-18**). Dies wird in den Gesetzen deutlich, die alle sieben Jahre den Erlass von Schulden und im Jubeljahr die Neuverteilung des angesammelten Reichtums vorschreiben (Lev **25**). Alle fünfzig Jahre sollte das Volk Gottes den Reichtum des Landes neu verteilen, um das Unrecht der menschlichen Gesellschaft auszugleichen. In den dazwischen liegenden Jahren sollten sie als Verwalter von allem leben, was sie besaßen:

Ihr sollt euch nicht gegenseitig schaden, sondern euren Gott fürchten; denn ich bin der Herr, euer Gott. Ihr sollt meine Satzungen halten und meine Gesetze beachten und sie tun, damit ihr sicher im Lande wohnt (Lev **25,17-18**).

Das Land soll nicht auf Dauer verkauft werden, denn das Land gehört mir; denn ihr seid nur Fremde und Gäste bei mir (Lev **25,23**).

Wenn ein Bruder von euch arm wird und sein Vermögen bei euch schrumpft, sollt ihr ihn als Fremden oder Gast behalten, damit er bei euch leben kann. Nimm keinen Zins oder Wucher von ihm, sondern fürchte deinen Gott, damit dein Bruder bei dir leben kann. Du sollst ihm dein Geld nicht für Zinsen und deine Nahrung nicht für Gewinn geben. *"Ich bin der Herr, dein Gott, der dich aus Ägyptenland geführt hat, um dir das Land Kanaan zu geben und dein Gott zu sein"*. (Lev **25:35-38**).

Der Erlass in Hesekiel **18,7 steht** nicht in direktem Zusammenhang mit der Lehre von der Arbeit, da er wenig mit der eigentlichen Produktion von Wertgegenständen zu tun hat. Vielmehr ist es Teil der Lehre über Reichtum, Haushalterschaft und die Verfügung über Wertgegenstände. Dennoch könnte es eine Verbindung geben: Was wäre, wenn Sie arbeiten würden, um die Bedürfnisse eines anderen zu befriedigen, anstatt Ihre eigenen? Dies würde Sie nicht nur vor Diebstahl schützen, sondern auch dazu motivieren, so zu arbeiten, dass Menschen in

Not mit Nahrung, Kleidung und anderen notwendigen Dingen versorgt werden. Ein Beispiel wäre ein Pharmaunternehmen, das bei der Planung eines neuen Medikaments eine "compassionate use"-Richtlinie aufstellt. Ein anderes Beispiel wäre ein Einzelhandelsunternehmen, das Barrierefreiheit als Schlüsselelement seines Geschäftsmodells ansieht. Andererseits steht dieses Prinzip einem Unternehmen entgegen, das nur erfolgreich sein kann, indem es hohe Preise für Produkte verlangt, die nicht den tatsächlichen Bedürfnissen entsprechen, wie z. B. ein Pharmaunternehmen, das triviale Neuformulierungen herstellt, um die Lebensdauer seiner Patente zu verlängern.

Der Gerechte leiht kein Geld zum Wucherpreis und borgt nicht zum Zins (Hesekiel 18: 8).

Bibelwissenschaftler haben viel Zeit damit verbracht, darüber zu forschen und zu spekulieren, ob das alttestamentliche Gesetz die Erhebung von Zinsen überhaupt verbietet. Die natürlichste Übersetzung von Hesekiel **18**:8a dürfte die NKJV sein: *"der kein Geld gegen Zinsen verleiht oder Wucher verlangt"*. Erst einige Zeit nach der Reformation legten die Christen die Bibel allgemein so aus, dass sie die Erhebung von Zinsen für Kredite verbietet. Natürlich würde dies den produktiven Einsatz von Kapital sowohl in der Neuzeit als auch in der Antike ernsthaft behindern, und es scheint, dass die zeitgenössischen Ausleger dazu neigen, das Verbot zu lockern, indem sie sich auf Wucher beziehen, wie es die NKJV tut. Um diese Lockerung zu rechtfertigen, haben einige argumentiert, dass anfängliche Abschläge (das, was wir heute *"Nullkuponanleihen"* nennen) im alten Israel erlaubt waren und dass nur zusätzliche Zinsen verboten waren, selbst wenn der Kredit nicht rechtzeitig zurückgezahlt wurde. Wie bei der oben erörterten Frage der Zahlungsgarantie würde es den Rahmen dieses Kapitels sprengen, die Legitimität des gesamten modernen Zinssystems zu beurteilen. Stattdessen werden wir das Ergebnis jedes einzelnen Falles untersuchen.

Wenn die strengere Auslegung beibehalten wird, haben Menschen mit Geld die Wahl, ob sie Geld verleihen oder nicht.

Wenn es ihnen nicht erlaubt ist, Zinsen zu verlangen und keine Sicherheiten für die Rückzahlung zu beschlagnahmen, dann ziehen sie es vielleicht vor, niemandem Geld zu leihen. Ein solches Verhalten ist jedoch von Gott verboten: *"Du aber sollst deine Hand ausstrecken und ihm großzügig leihen, was er braucht, um seine Bedürfnisse zu stillen"* (Dtn **15,8**). In Lukas **6,35** wiederholt und erweitert Jesus dieses Gebot: *"Liebt eure Feinde, tut Gutes und leiht, ohne eine Gegenleistung zu erwarten"*. Der Zweck des Leihens ist in erster Linie zum Nutzen des Leihenden, nicht des Leihenden. Die Befürchtung des Kreditgebers, keine Rückzahlung zu erhalten, sollte zweitrangig werden. Der potenzielle Kreditgeber hat das Kapital und der potenzielle Kreditnehmer braucht es.

Wenn wir andererseits annehmen, dass das moderne Zinssystem gerecht ist, dann gilt auch dieser Grundsatz. Kapital sollte produktiv investiert und nicht aus Angst zurückgehalten werden, und genau das ist die wörtliche Bedeutung des Gleichnisses Jesu von den Talenten (Mt **25,14-30**). Gott versprach Israel, seinem kostbaren Besitz, dass er für seine Bedürfnisse sorgen würde. Wenn jemand entdeckt, dass er oder sie über überschüssiges Kapital verfügt, ist er oder sie es dem Gott der Versorgung schuldig, es - sei es durch Investitionen oder Spenden - für die Bedürftigen zu verwenden. Wirtschaftliche Entwicklung ist nicht verboten, im Gegenteil, sie ist notwendig. Aber sie muss denjenigen zugute kommen, die das Kapital brauchen, und darf nicht nur der Bequemlichkeit derjenigen dienen, die es besitzen.

Der Gerechte begeht keine Ungerechtigkeit, sondern richtet die Parteien gerecht (Hesekiel 18,8).

Wie schon zuvor legt Hesekiel seinen Lesern eine allgemeine Regel (nichts Böses tun) und eine besondere Regel (gerecht zwischen den Menschen urteilen) vor. Auch hier ist das verbindende Prinzip, dass die Person mit mehr Macht sich um die Bedürfnisse der Person mit weniger Macht kümmern sollte. In diesem Fall handelt es sich um die Macht, zwischen zwei Menschen zu urteilen. Jeden Tag werden die meisten von uns mit Momenten konfrontiert, in denen wir zwischen einer Person und einer anderen urteilen müssen. Das kann so etwas Kleines sein wie die Entscheidung, wessen Stimme bei der Wahl des Essens überwiegt. Es kann so groß sein wie die Entscheidung, wem wir bei einer Anschuldigung wegen unangemessenen Verhaltens glauben sollen. Wir sind uns selten bewusst, dass wir jedes Mal, wenn wir eine solche Entscheidung treffen, die Macht haben, zu urteilen.

Viele schwerwiegende Probleme am Arbeitsplatz entstehen, weil Menschen das Gefühl haben, dass sie als weniger wichtig angesehen werden als andere um sie herum. Dies kann sich aus formellen oder offiziellen Beurteilungen ergeben, z. B. bei Leistungsbeurteilungen, Projektentscheidungen, Mitarbeiterauszeichnungen oder Beförderungen. Es kann aber auch durch informelle Beurteilungen entstehen, z. B. durch die Frage, wer ihren Ideen Aufmerksamkeit schenkt oder wie oft sie zur Zielscheibe von Witzen werden. In jedem Fall haben wir Kinder Gottes die Pflicht, uns dieser Art von Urteilen bewusst zu sein und fair damit umzugehen. Es wäre interessant, eine Liste der (großen oder kleinen) Prüfungen zu führen, an denen wir im Laufe eines Tages teilnehmen, und uns dann zu fragen, wie der Gerechte aus Hesekiel **18,8** in jeder einzelnen Prüfung handeln würde.

Hesekiel **18** ist mehr als eine Reihe von Regeln für das Leben im Exil; es ist eine Antwort auf die Verzweiflung der Exilanten, die in Hesekiel **18,2 zum** Ausdruck kommt: *"Die Väter essen saure Trauben, aber den Kindern tun die Zähne weh"*. Die Argumentation in Kapitel **18** widerlegt das Sprichwort, aber nicht, indem sie die transgenerationale Vergeltung gänzlich ausschließt. Die Lehre von der persönlichen moralischen Verantwortung ist eine Antwort auf die Verzweiflung des Exils (siehe Ps **137**) und auf die Fragen der Theodizee, die in dem Satz *"Der Weg des Herrn ist nicht recht"* (Hes **18,25.29**) zum Ausdruck kommen. Der Herr antwortet auf die Fragen der Verbannten: *"Wenn wir Gottes Volk sind, warum sind wir dann verbannt worden?* *"Warum leiden wir? Kümmert sich Gott darum?"* mit einem Aufruf zu einem gerechten Leben.

In der Zeit zwischen vergangener Übertretung und zukünftiger Wiederherstellung, zwischen Verheißung und Erfüllung, zwischen Frage und Antwort müssen die Exilanten ein rechtschaffenes Leben führen. Dann können sie einen Sinn, ein Ziel und eine endgültige Belohnung finden. Gott wiederholt nicht nur Gesetze über gutes und schlechtes Verhalten, die das Volk befolgen soll, sondern ruft es auf, auf nationaler Ebene gerecht zu leben, wenn Israel endlich "*mein Volk*" sein wird (Hes **11**,20; **14**,11; **36**,28; **37**,23.27).

Die Merkmale der Gerechtigkeit in Hesekiel **18** sind ein wichtiges Modell für das Leben im neuen Bund, wenn die Gemeinschaft von der Ethik der "*Gerechtigkeit*" geprägt sein wird (Hesekiel **18**:5, **19**, **21**, **27**). Es ist eine Aufforderung an den Leser, jetzt nach dem neuen Bund zu leben, der ein Mittel ist, um die Hoffnung für die Zukunft zu sichern. In unserer Zeit sind die Christen Glieder des neuen Bundes mit der gleichen Berufung wie in Matthäus **5**,17-20 und **22**,37-40. Auf diese Weise ist Hesekiel **18** auffallend lehrreich und anwendbar auf unser eigenes Leben am Arbeitsplatz, unabhängig von der Umgebung. Diese persönliche Gerechtigkeit am Arbeitsplatz zu leben, gibt unseren gegenwärtigen Umständen Leben und Sinn, indem es ein besseres Morgen vorwegnimmt, Gottes zukünftiges Reich in die Gegenwart holt und eine Vision dessen bietet, was Gott von seinem Volk als Ganzes erwartet. Gott belohnt ein solches Verhalten, das nur durch ein neues Herz und einen neuen Geist möglich ist (Hes **18**,31-32; 2. Kor **3**,2-6).

Israels systemischer Zusammenbruch (Hesekiel 22)

Für den Fall, dass die Juden im babylonischen Exil das positive Muster aus Kapitel **18** übersehen haben, gibt ihnen Hesekiel **22** ein deutliches Bild von dem Ort, an dem die Nation vom gottgewollten Weg abgewichen ist. Jerusalem ist der Schauplatz, an dem der Prophet die politischen, wirtschaftlichen und religiösen Faktoren beobachtet, die zur endgültigen Zerstörung des Landes führten. Nach Robert Linthicum besteht der Zweck des politischen Systems darin, eine Politik der Gerechtigkeit und des Gehorsams gegenüber Gott zu etablieren (Dtn **16,18-20**; **17,8-18**). Das Wirtschaftssystem soll eine Wirtschaft der Haushalterschaft und Großzügigkeit aufrechterhalten (Dtn **6,10-15**; **15,1-18**). Das religiöse System ist in erster Linie dafür verantwortlich, die Menschen in eine Beziehung zu Gott zu bringen und das politische und wirtschaftliche System in Gott zu verankern (Dtn **10,12**; **11,28**). Die Religion ist eine Art Zaun für die Gemeinschaft und gibt dem Leben einen Sinn. Das politische System sorgt für den Prozess und das Wirtschaftssystem für den Lebensunterhalt der Gemeinschaft. Wenn das religiöse System nicht mehr funktioniert, stürzt alles andere ins Chaos. Nach dem Gesetz Gottes ist die Kluft zwischen Arm und Reich (Reichtum und Armut) ein direkter Indikator für die Entfernung zwischen Gott und einer Gemeinschaft oder Nation.

In Hesekiel **22** zeigt der Prophet den Juden im Exil, warum Gottes Gericht über ihr Volk kommen muss: *"Von den Fürsten bis zu den Priestern, den falschen Propheten und dem ganzen Volk des Landes seid ihr alle zu Schlacke geworden"* (Hesekiel **22,19**). Gottes Geduld hat ihre Grenze erreicht, und der Lohn für jede *"kommerzielle"* Sünde wird den Verantwortlichen Tod und Verderben bringen. Was ist in dieser Liste von Sünden enthalten? Macht ausnutzen, um Blut zu vergießen (Hes **22,6**); Eltern verachten, Fremden Gewalt antun und Vaterlose und Witwen unterdrücken (Hes **22,7**); verleumden, um Blut zu vergießen (Hes **22,9**); sexuelle Sünden und Belästigung (Hes **22,11**); Zinsen verlangen und auf Kosten der Armen Gewinn machen, ungerechten Gewinn machen (Hes **22: 12**); Verschwörung, um das Volk zu verwüsten, Schätze und Kostbarkeiten zu stehlen und viele Frauen zu Witwen zu machen (Ez **22:25**); Übertretung des Gesetzes, Entweihung heiliger Dinge, Lehren des Bösen und Missachtung von Gottes Sabbat (Ez **22:8, 26**); Führer, die wie Wölfe sind und ihre Beute aus ungerechtem Gewinn in Stücke reißen (Ez **22:27**); die Propheten, die diese Taten decken (d. h. e., Propheten, die diese Taten mit falschen Visionen und Vorhersagen verschleiern (Ez **22:28**); und das Volk, das im Land Erpressung und Raub betreibt, das die Armen und Bedürftigen unterdrückt, das den Fremden misshandelt und ihm das Recht verweigert (Ez **22:29**).

Schließlich suchte Gott nach mindestens einer gerechten Person, die in der Lücke stehen sollte, aber er fand keine. Es ist dieser völlige Mangel an Interesse an rechten Beziehungen, der Gottes Zorn und Strafe nach sich zieht. Das Kapitel endet (Hesek **22,31**), als Gott aufhört, das Volk zu schützen, während es sich selbst zerstört. Wie führt Gott das Gericht durch? Er lässt die Systeme ihren natürlichen Lauf nehmen, ohne einzugreifen, so dass die Abwärtsspirale in der Zerstörung endet.

Die Worte Hesekiels sind auch heute noch aktuell. Es gibt immer noch Menschen, die von illegalen Aktivitäten wie Erpressung, Diebstahl, Betrug, Verleumdung und Gewalt profitieren. Aber noch besorgniserregender sind die vielen Wege, die Menschen finden, um innerhalb des Gesetzes zu bleiben, während sie in ihrem Streben nach Profit Ungerechtigkeiten begehen. So bieten sie ahnungslosen Verbrauchern beispielsweise teure Kredite und Finanzinstrumente, ungesunde Lebensmittel und Getränke sowie überteuerte Waren und Dienstleistungen an. Sie verwenden Gerichtsverfahren, missbräuchliche Vertragsbedingungen, Einschüchterungsschreiben und andere Taktiken, um schutzbedürftige Menschen daran zu hindern, ihre gesetzlichen Rechte wahrzunehmen. Sie verwenden irreführende Werbe- und Verkaufspraktiken. Sie betrügen bei den Steuern, verbergen Einkommen und erschleichen sich falsche Titel, um Gewinne zu erzielen. Sie halten ihre Versprechen nicht ein. Wenn Gott heute nach mindestens einer rechtschaffenen Person suchen würde, wäre das jemand, der in der Geschäfts- und Finanzwelt immer ehrlich gehandelt hat?

Woher kommt der Erfolg (Hesekiel 26-28)?

———

Die Prophezeiungen gegen Tyrus in Hesekiel **26-28** bieten ein weiteres Beispiel für ein unehrliches Leben. Die Einwohner von Tyrus freuen sich über die Zerstörung Jerusalems, weil sie hoffen, von der fehlenden wirtschaftlichen Konkurrenz zu profitieren (Hesekiel **26,2**). Gott verspricht, sie zu bestrafen und zu demütigen (Hesekiel **26,7-21**), weil sie Juda in dieser Zeit der Not nicht helfen. *"Tyrus mag für das Streben nach Sicherheit und Autonomie stehen - durch Reichtum, politische Bedeutung und sogar Kultur -, das dem Wesen der geschaffenen Wirklichkeit widerspricht."* Die Wahrheit ist, dass keine Person oder Nation ihre eigene Sicherheit und ihren Wohlstand wirklich garantieren kann. Dennoch rühmt sich Tyrus seines wirtschaftlichen Erfolgs, seiner Vollkommenheit und seines Reichtums (Hesekiel **27:2-4**). Diese Stadt, die zu einer Seemacht geworden war, die mit zahllosen Völkern im gesamten Mittelmeerraum Handel trieb (oder von ihnen profitierte) (Hesekiel **27,5-25**), brach schließlich unter dem Gewicht ihrer reichhaltigen Ladung zusammen. Tyrus Selbstüberschätzung und selbstsüchtige Geschäfte endeten in einem Schiffbruch, der die Kaufleute des Landes in Verruf brachte (Hesekiel **27,26-36**). Gott zieht Tyrus wegen seiner Arroganz und seiner materiellen Begierden zur Rechenschaft, was in einem Gedicht gegen den König in Kapitel **28** gipfelt. Der König schreibt seinem eigenen göttlichen Status den Verstand und die Weisheit zu, um zu großem Ruhm und materiellem Erfolg zu gelangen.

Heute sind die Mächtigen auch versucht, ihren Erfolg auf göttliche Hilfe oder ihre Stellung zurückzuführen. Lloyd Blankfein, der Vorstandsvorsitzende von Goldman Sachs, hob die entscheidende Leistung der Banker bei der Beschaffung von Kapital hervor, um Unternehmen zu helfen, zu wachsen, Waren und Dienstleistungen zu produzieren und Arbeitsplätze zu schaffen. Doch als das Thema auf die Rekordvergütungen im Bankensektor kam, schien es vielen, dass seine Aussage *"Wir tun Gottes Werk"* die Grenze zur göttlichen Selbstdarstellung überschritten hat. Hesekiels Worte erinnern uns immer wieder daran, dass alle Bereiche der Arbeit das Potenzial haben, sowohl Gottes Zielen zu dienen als auch unsere eigenen Exzesse zu entschuldigen.

Die Lehren aus den Kapiteln **26-28** für den Dienst in der Welt sind bedeutsam. Gott verbietet uns zu glauben, dass wir die Hauptquelle für beruflichen Erfolg sind. Unsere harte Arbeit, unser Talent, unser Durchhaltevermögen und andere Tugenden tragen zwar zum beruflichen Erfolg bei, aber sie verursachen ihn nicht. Selbst die erfolgreichste Person, die ihren Erfolg selbst herbeigeführt hat, war auf ein Universum von Gelegenheiten, zufälligen Umständen, der Arbeit anderer und der Tatsache angewiesen, dass unsere Existenz von etwas kommt, das außerhalb unserer selbst liegt.

Wenn wir den Erfolg nur unseren eigenen Anstrengungen zuschreiben, entsteht eine Arroganz, die unsere Beziehung zu Gott zerstört. Anstatt Gott für unseren Erfolg zu danken und darauf zu vertrauen, dass er uns auch weiterhin versorgt, denken wir, wir hätten den Erfolg aus eigener Kraft erreicht. Wir haben jedoch nicht die Macht, alle Umstände, Gelegenheiten, Menschen und Ereignisse zu kontrollieren, von denen unser Erfolg abhängt. Wenn wir glauben, dass wir die Architekten unseres eigenen Erfolgs sind, zwingen wir uns, unkontrollierbare Faktoren zu kontrollieren, was uns unter Druck setzt, die Dinge zu unseren Gunsten zu wenden. Selbst wenn wir in der Vergangenheit erfolgreich waren, weil wir ehrlich und legal gehandelt haben, können wir jetzt versuchen, die Chancen zu verbessern, indem wir die Wahrheit zu unserem Vorteil verändern, hinter den Kulissen Angebotsabsprachen treffen, andere manipulieren, damit sie tun, was wir wollen, oder sich durch strategische Bestechung bei anderen beliebt machen. Selbst wenn wir auf der richtigen Seite des Gesetzes bleiben, können wir in unseren Geschäften rücksichtslos und *"gewalttätig"* (Hesekiel **28,16**) werden.

Diejenigen, die wirklich weise waren, verhielten sich rechtschaffen und nahmen in ihrem Denken nicht den Platz Gottes ein, während sie auf die Erfüllung seiner Verheißungen warteten. Sie blieben ihrem Bund mit dem Herrn treu, der die Gläubigen mit angemessenen Leistungen belohnen wird, um ihren Teil des Bundes zu erfüllen (siehe die Hoffnung für Israel in Hesek **28,22-26**). Schließlich wird Gott die Gerechten von den Bösen trennen (Hesek **34,17-22**; vgl. Mt **25,31-46**). Dies gibt den *"Verbannten"*, die auf die Verwirklichung des Reiches Gottes warten, große Hoffnung, unabhängig davon, ob sie in der antiken oder in der modernen Welt leben, vor allem, wenn sich Fragen der Gerechtigkeit und der Verwüstung stellen.

Aufmerksamkeit für die Warnung anderer (Hesekiel 33)

Hesekiel **18** und **33** behandeln ein ähnliches Thema und haben strukturelle Funktionen innerhalb des Buches als Ganzes. Der Aufruf zur persönlichen Gerechtigkeit, um *zu "leben"*, und die Aufforderung zur Umkehr inmitten der Infragestellung der Gerechtigkeit Gottes, die in Kapitel **18** zum ersten Mal vorgestellt werden, werden in Kapitel **33 in** fast wörtlicher Form wiedergegeben. In Kapitel **33** wird jedoch ein Gedanke vorgestellt, der in Kapitel **18** nicht vorkommt: In Hesekiel **33:1-9** wertet Gott Hesekiels Berufung zum Wächter oder Wächter des Volkes neu aus, wie sie in Kapitel **3** zum ersten Mal festgelegt wurde. Als Wächter am Tor des Volkes wird Hesekiel zum Wächter des Volkes. Als Wächter am Stadttor, der die Einwohner vor einer Bedrohung durch den Feind warnen soll, ist Hesekiel persönlich dafür verantwortlich, Gottes bevorstehendes Gericht zu verkünden und sie zur Umkehr zu ermutigen, um von ihrer Schuld befreit zu werden:

Und ich habe dich, Menschensohn, zum Wächter gemacht für das Haus Israel; darum höre das Wort aus meinem Munde und warne sie vor mir. Wenn ich zu dem Gottlosen sage: Du sollst des Todes sterben, und du sprichst nicht, den Gottlosen von seinem Wege zu warnen, so soll der Gottlose in seiner Missetat sterben, und ich will sein Blut von deiner Hand fordern. Wenn du aber den Gottlosen warnst, daß er von seinem Wege umkehre, und er kehrt nicht um, so soll er in seiner Missetat sterben; du aber hast dein Leben erlöst. (Hes **33,7-9**)

Dies ist eine wichtige Ergänzung des Aufrufs zur Gerechtigkeit, der in Hesekiel **18** dargelegt und in Kapitel **33 am** Vorabend der Zerstörung Jerusalems in Erinnerung gerufen wird (Hes. **33:21-22**). Gott verlangt vom Wachtturm, dass er bei dem Aufruf zur individuellen und kollektiven Gerechtigkeit eine wichtige Rolle spielt, indem er die persönliche Verantwortung und die Verantwortung für die Umkehr der Verbannten übernimmt.

Wir müssen uns nicht nur mit Hesekiels Zuhörern (Hes **18**), sondern auch mit Hesekiel selbst identifizieren. Wir nehmen die von Gott gegebene Aufgabe an, andere dazu aufzurufen, rechtschaffen zu leben und zu einer rechten Beziehung zu Gott zurückzukehren. Im Alten Testament wurden einige Menschen zu Propheten berufen und erhielten den Auftrag, das Wort Gottes zu den Menschen zu bringen. Aber als Mitglieder des Neuen Bundes sind alle Christen dazu berufen, das Werk des Propheten zu tun. Der Prophet Joel hat dies vorausgesagt, als er das Wort Gottes verkündete: *"Ich will meinen Geist ausgießen über alles Fleisch; eure Söhne und eure Töchter sollen weissagen, eure Alten sollen Träume haben, eure Jungen sollen Gesichte sehen"* (Joel **2,28**). Und der Apostel Petrus hat es am Pfingsttag als gegenwärtige Realität verkündet (Apostelgeschichte **2,33**).

Die prophetische Verantwortung aller Christen bietet mehrere Lektionen für den Unterricht und ist für unser Zeugnis am Arbeitsplatz von Bedeutung. Gott ruft jeden von uns auf, persönliche Verantwortung für das Schicksal anderer zu übernehmen. Wir müssen selbst Wächter sein und die Menschen um uns herum zur Verantwortung ziehen. Nicht nur ihr Leben steht auf dem Spiel, sondern auch unser eigenes (Hesek **33,9**).

In einer Zeit und Kultur, die den Individualismus hochhält, ist dies nicht selbstverständlich, aber Gott wird uns für das gerechte Leben anderer zur Rechenschaft ziehen. Wie in Babylon, so ist es auch heute: Die sozialen Strukturen verleiten uns oft dazu, missbräuchliche oder ungerechte Praktiken zuzulassen. In Bezug auf den Arbeitsplatz bedeutet dies, dass Christen eine persönliche Verantwortung haben, sich für Gerechtigkeit am Arbeitsplatz einzusetzen. Dieses Thema wirft einige Fragen auf, die wir uns in Bezug auf eine solche Verantwortung stellen können. Zum Beispiel:

- *Vermitteln wir den Menschen, mit denen wir arbeiten, Gottes Wort? An allen Arbeitsplätzen beobachten Christen Dinge, von denen wir wissen, dass sie mit Gottes Wort unvereinbar sind, und fühlen sich gedrängt, daran teilzunehmen. Stellen wir Gottes Wahrheit über die scheinbare Bequemlichkeit, in die Gruppe zu passen? Dies ist keine Aufforderung, am Arbeitsplatz zu richten, aber es kann bedeuten, für die Person einzutreten, die für ein Versagen der Abteilung zum Sündenbock gemacht wird, oder als Erster dafür zu stimmen, eine irreführende Werbekampagne zu stoppen. Es kann bedeuten, die eigene Verwicklung in einen Bürokonflikt einzugestehen oder die Zuversicht zum Ausdruck zu bringen, dass eine ehrliche Leistungsbeurteilung am*

Ende das wiedergutmachen wird, was anscheinend die Ursache dafür ist. Dies sind Wege, anderen am Arbeitsplatz Gottes Worte mitzuteilen.

- *Ist unser Leben ein Abbild der Botschaft Gottes? Unsere Kommunikation beschränkt sich nicht auf Worte, sondern auch auf Taten. Während seines gesamten Dienstes war Hesekiel buchstäblich eine wandelnde visuelle Veranschaulichung von Gottes Verheißungen und Urteilen. Ein CEO aus dem Silicon Valley bat den Finanzchef, zwei Millionen Dollar mehr Gewinn für den in einer Woche fälligen Quartalsbericht zu "finden". Die Finanzchefin wusste, dass sie dazu bestimmte Ausgaben als Investitionen und bestimmte Investitionen als Einnahmen falsch ausweisen musste. In derselben Woche hatte sie ihr monatliches Treffen mit anderen christlichen CFOs, die sie ermutigten, ihre Position gegenüber dem CEO zu verteidigen. An dem Tag, an dem der Bericht fällig war, sagte sie dem Vorstandsvorsitzenden: "Hier ist der Bericht mit den zwei Millionen Dollar an zusätzlichen Gewinnen, um die Sie gebeten haben. Das mag legal sein, aber es stimmt nicht. Ich kann ihn nicht unterschreiben, und ich weiß, dass Sie mich entlassen müssen. Die Antwort Ihres Vorstandsvorsitzenden lautete: "Wenn Sie es nicht unterschreiben wollen, werde ich es auch nicht unterschreiben. Ich vertraue darauf, dass Sie wissen, was Sie tun. Bringen Sie mir den Originalbericht mit den korrekten Angaben; wir werden ihn veröffentlichen und die Verantwortung dafür übernehmen, dass die geschätzte Rentabilität nicht erreicht wurde. In Wort und Tat hat dieser Finanzvorstand gezeigt, was es bedeutet, nach Gottes Wort zu leben, und das hat den Vorstandsvorsitzenden beeinflusst, dasselbe zu tun.*

Hesekiel **33** zeigt, dass zwar jeder Einzelne zur persönlichen Gerechtigkeit aufgerufen ist, die Propheten aber auch dafür verantwortlich sind, andere Exilanten vor gerechtem Verhalten zu warnen. Die Metapher des Wächters in Hesekiel **33** spiegelt die Erwartung Gottes wider, dass wir ein besonderes Interesse am Leben der anderen an unserem Arbeitsplatz haben. Damit ist die Grundlage für einen ähnlichen Gedanken im nächsten Kapitel geschaffen, wo die Metapher geändert wird.

Israels Versagen in der Führung (Hesekiel 34)

Die Schuld für das Versäumnis, sich um das Volk zu kümmern, liegt bei den Führern Israels. Hesekiel **34** verwendet die Metapher des Hirtenwesens, um zu veranschaulichen, wie die Führer Israels (die Hirten) das Volk (die Herde) innerhalb des Reiches Gottes unterdrückten. Die Hirten verfolgten nur ihre eigenen Interessen, indem sie sich auf Kosten der Bedürfnisse der Herde kleideten und ernährten (Hes. **34:2-3, 8**). Anstatt die Schafe in ihrer Not zu stärken und zu heilen oder sie zu suchen, wenn sie sich verirrt hatten, herrschten die Hirten mit Härte über sie (Hes **34,4**). Dadurch waren die Schafe den wilden Tieren (den feindlichen Völkern) schutzlos ausgeliefert und in der ganzen Welt verstreut (Hes **34,5-6.8**). Deshalb verspricht Gott, die Schafe aus dem *"Maul"* der Hirten (der Herrscher Israels) zu retten, sie zu suchen und zu versorgen und sie von dort, wo sie zerstreut wurden, zurückzubringen (Hes **34,9-12**). Er wird sie in ihr Land zurückbringen, sie ernähren und auf guten und sicheren Weiden weiden (Hes **34,13-14**). Schließlich wird Gott zwischen den fetten Schafen (den Nutznießern und Teilhabern an der Unterdrückung) und den mageren Schafen (den Schwachen und Unterdrückten, Hesek **34:15-22**) richten. Diese Rettung gipfelt in der künftigen Einsetzung des Oberhirten, eines zweiten David, der die Herde Gottes hüten und versorgen wird, wie es sich für einen Fürsten unter Gottes Herrschaft gehört (Hes **34,23-24**). Dies wird die

Zeit markieren, in der Gott einen Friedensbund mit seinen Schafen/Völkern schließen wird, der Gottes Segen, nämlich Schutz, Fruchtbarkeit und Freiheit im Lande, sichern wird (Hes **34:25-31**). Dann werden alle wissen, dass Gott bei seinem Volk ist und dass er ihr wahrer Gott ist (Hes **34,30-31**).

Dies wird der Zeitpunkt sein, an dem Gott mit seinem Volk/ Schaf einen Friedensbund schließen wird, der Gottes Segen für Schutz, Frucht und Freiheit im Land sichert (Hesek **34:25-31**). Auf diese Weise werden alle wissen, dass Gott bei seinem Volk ist und sein wahrer Gott ist (Hesek **34:30-31**). Die Hirtenmetapher vermittelt eine Botschaft, die Gericht über die bösen Herrscher Israels und Hoffnung für die Unterdrückten und Hilflosen des Volkes verspricht. Diese Botschaft von der Führung durch die Hirten gilt auch für andere Berufe. Gute Führungskräfte suchen die Interessen anderer, bevor sie sich selbst "*ernähren*". Führung, die den "*guten Hirten*" aus Johannes **10:11, 14** nachahmt, ist im Grunde ein Dienst, der echte Sorge um das Wohlergehen der Untergebenen erfordert. Menschen zu leiten bedeutet nicht, Macht zu missbrauchen oder Macht über andere zu haben. Im Gegenteil, gottesfürchtige Aufseher wollen sicherstellen, dass es den Menschen unter ihrer Obhut gut geht. Dies entspricht den besten Managementpraktiken, die in den Wirtschaftsschulen gelehrt und in vielen Unternehmen angewandt werden, aber gottesfürchtige Menschen tun dies aus Treue zu Gott und nicht, weil es in ihren Organisationen eine akzeptable Praxis ist.

Andrew Mein weist darauf hin, dass die meisten Leser "*zu wenig darauf achten, wie wirtschaftliche Realitäten eine bestimmte Verwendung einer Metapher leiten können, mit dem Ergebnis, dass alle biblischen Bilder des Hirtenwesens zu einem ziemlich einfarbigen Bild gnädiger Großzügigkeit werden"*. Obwohl Hesekiel **34 die** Fürsorge Gottes für seine Schafe widerspiegelt (wie auch andere Hirtenstellen, z. B. Jeremia **23**; Psalm **23**; Johannes **10**), reflektiert das Kapitel spezifischer über die Ökonomie des antiken Hirtenwesens und bezieht sich daher auch spezifischer auf die wirtschaftliche Verantwortung eines Leiters. Die Hirten haben gegen ihre wirtschaftlichen Pflichten verstoßen, indem sie "die *erforderliche Rendite einer Investition nicht erwirtschaftet und das Eigentum des Eigentümers veruntreut haben"*. Gott zieht sie zur Rechenschaft, wenn er seine Herde einfordert. Es ist eine Untertreibung zu sagen, dass Israels Hirten sich nicht um die Interessen der Schafe kümmerten, denn sie arbeiteten auch nicht im Interesse des Schafbesitzers, der sie angestellt hatte und eine wertvolle Rendite für seine Investition erwartete. Diese Sichtweise lässt sich heute auf Fragen der Vergütung von Führungskräften und der Unternehmensführung anwenden. Hesekiel gibt keine allgemeine Erklärung zu diesen Fragen ab, sondern liefert Kriterien, anhand derer die Praktiken einzelner Unternehmen bewertet werden können.

Daher ist Hesekiel **34** ein wertvoller Text für die Lehre über Arbeit. Führungskräfte sollen sich um die Bedürfnisse und Interessen derer kümmern, die sie leiten (Phil **2,3-4**). Darüber hinaus sind sie dafür verantwortlich, die wirtschaftliche Aufgabe zu erfüllen, für die sie angestellt wurden. Wir müssen für die Rentabilität und das Wohlergehen derer arbeiten, die auf der Karriereleiter über und unter uns stehen (Eph **6,5-9**; Kol **3,22-24**). Schließlich müssen wir alle für die Ehre arbeiten, die Gott gebührt.

In diesem Sinne wird Rentabilität oder wirtschaftliche Produktivität als ein gottgefälliges Streben angesehen. Oft scheinen die Kirchen dies zu vergessen, als ob Profit ein neutrales oder kaum tolerierbares Nebenprodukt christlicher Arbeit wäre. Hesekiel **34** legt jedoch nahe, dass der Arbeiter, der wirtschaftliche Verluste verursacht, oder der Manager, der es nicht schafft, das Team zur Erfüllung der Aufgabe zu führen, nicht besser ist als diejenigen, die ihre Kollegen oder Untergebenen misshandeln. Sowohl Menschen als auch Arbeit sind wichtig. Als Paulus Jahrhunderte später schrieb: *"Was ihr aber tut, das tut von Herzen, als dem Herrn und nicht den Menschen"* (Kol **3,23**), versetzte er sich in die Lage Hesekiels. Verrichten Sie die Arbeit, für die Sie bezahlt werden (wozu auch die Erzielung eines Gewinns als unveräußerlicher Teil gehört), als ob Sie für den Herrn arbeiten würden. Wenn Sie in einem gewinnbringenden Unternehmen arbeiten, dann sind Sie Gott gegenüber rechenschaftspflichtig, dass Sie dazu beitragen, einen Gewinn zu erzielen.

Wenn aber Rentabilität eine Verpflichtung vor Gott ist, dann sind Christen verpflichtet, nur gottgefälligen Gewinn zu erzielen. Als Nachfolger Jesu sind wir unserem Unternehmen für eine gut geleistete Arbeit zu Dank verpflichtet: ein gut ausgeführter Verkaufsplan, eine gute Einrahmung oder was auch immer das Produkt unserer Arbeit sein mag. Die Arbeitgeber sollten lernen, dies von uns zu erwarten. Darüber hinaus dürfen wir als Nachfolger Jesu unserem Unternehmen niemals falsche Umweltaussagen machen, die Mitarbeiter nicht in die Irre führen oder ihre Unwissenheit ausnutzen und niemals ein Problem bei der Qualitätskontrolle verbergen. Das sollten die

Arbeitgeber auch von uns erwarten. Was uns zu guten und produktiven Arbeitnehmern macht, die ihren Unternehmen gegenüber loyal sind, macht uns auch zu ehrlichen und mitfühlenden Arbeitnehmern, die unserem Herrn verpflichtet sind.

Die Hoffnung des Bundes für Israel (Hesekiel 35-48)

Die Lehre von Hesekiels Werk wäre unvollständig, wenn man es nicht in den vollen Kontext der zukünftigen Wiederherstellung stellen würde, die im ganzen Buch erwähnt wird. Der Bund zwischen Gott und Israel scheint zerbrochen zu sein, weil Israel seine Verpflichtungen nicht erfüllt hat, aber Gott wird Israel wiederherstellen und seine Verheißungen erfüllen, wenn Israel zu ihm zurückkehrt. Diese Erfüllung erreicht ihren Höhepunkt in den Prophezeiungen über die Wiederherstellung und in dem Teil des Buches, der dem neuen Tempel gewidmet ist (Kapitel **35-48**). Hier erhält der Leser ein umfassenderes Bild von der Zukunft, die das gläubige Exil in der Gegenwart durch ein rechtschaffenes Leben und kollektive Verantwortung ankündigen muss.

Die Verheißung eines davidischen Hirten im Zeitalter der künftigen Wiederherstellung ist Bestandteil von Gottes *"Friedensbund"* mit Israel (Hesek **34,25**) und wird als *"ewiger Bund"* bezeichnet (Hesek **37,24-26**). Hesekiel freut sich auf den Tag, an dem dieser Hirtenkönig die Segnungen einführen wird, die Gott Israel verheißt, und, was noch wichtiger ist, sie dazu führen wird, ihre Berufung als *"Gottes Volk"* zu erfüllen. Hesekiel macht deutlich, dass Gott ihnen dies gewähren wird, indem er ihnen ein treues Herz und einen neuen Geist gibt, um seine Gesetze zu erfüllen, wie er es in Hesekiel **18,31** befohlen hat (siehe auch Hesekiel **11,19-20**; **36,26-28**; **39,29**). Gottes Volk wird alles haben, was es braucht, um seinen Willen zu tun, und es wird durch Gottes Gegenwart in dem neuen Heiligtum in seiner Mitte geheiligt sein (Hesekiel **37,28**). Hesekiel widmet neun Kapitel dem Entwurf eines neuen Tempels für den Tag der Wiederherstellung und dem erforderlichen Gottesdienst (Hesek **40-48**). Angesichts der engen Parallelen zwischen Hesekiel **38-48** und Offenbarung **20-22** kann man sich fragen, ob Hesekiels Vision eine buchstäbliche Wiederherstellung des Tempels vorsieht oder ob sie auf die größere Realität des neuen Jerusalem hinweist, wo es keinen Tempel gibt, "*denn sein Tempel ist der Herr, der allmächtige Gott, und das Lamm*" (Offb **21,22**).

Als Christen setzen wir unser Vertrauen in den obersten Hirten, Christus. Er ist es, der nicht nur die persönliche Gerechtigkeit erfüllt hat, sondern auch die gesamte kollektive Verantwortung der Menschheit übernommen hat, indem er sein eigenes Blut für uns vergossen hat. Durch den Tod und die Auferstehung Jesu hat für den Christen der Tag der Erfüllung des Bundes begonnen, den Hesekiel beschreibt. Aber der Tag ist noch nicht vorbei, und der Bund ist noch nicht vollständig erfüllt. Hesekiel lehrt uns, dass wir, wenn wir zur Arbeit aufgerufen sind, zu einer gerechten Tätigkeit im Exil aufgerufen sind, während wir uns den Herausforderungen stellen, die mit dem Warten auf die Vollendung des Reiches Gottes verbunden sind. Gott verlangt einen Lebensstil der individuellen Gerechtigkeit und der kollektiven Verantwortung, der die zukünftige Erfüllung des Bundes vorwegnimmt. In den Fußstapfen Jesu können wir damit beginnen, Gottes zukünftige Wiederherstellung am heutigen Arbeitsplatz zu leben.

Fazit des Buches Hesekiel

Kurz gesagt, dieses Buch lädt uns dazu ein, über unsere Verantwortung gegenüber anderen in wirtschaftlicher Hinsicht nachzudenken. Es erinnert uns daran, dass wir nicht die absoluten Besitzer unseres Besitzes sind, sondern dessen Verwalter. Der Reichtum, den wir haben, ist ein göttliches Geschenk, und wir müssen ihn mit denen teilen, die ihre Grundbedürfnisse befriedigen müssen.

Der Autor zeigt uns, wie dieser Gedanke im Wirtschaftsgesetz Gottes verwurzelt ist, das die Bedeutung der Sorge um das wirtschaftliche Wohlergehen unserer Mitmenschen hervorhebt. Durch das Gebot, nicht zu stehlen, und die Verpflichtung, die Hungrigen zu speisen und die Nackten zu bekleiden, werden wir aufgefordert, jeden Menschen als integralen Bestandteil unserer Gemeinschaft zu betrachten, unabhängig davon, ob es sich um ein Geschäft handelt oder einfach um jemanden, dem wir zufällig begegnen.

Dieses Buch lehrt uns auch über biblische Gesetze, die eine gerechte und ausgewogene Umverteilung des Reichtums fördern. Die Vorschriften über die Abrechnung der Schulden alle sieben Jahre und die Neuverteilung im Jubeljahr zeigen deutlich, wie Gott soziale Ungleichheiten korrigieren und sicherstellen will, dass niemand in Armut fällt.

Bei der Lektüre dieser Schrift entdecken wir, wie wichtig und unerlässlich es ist, unseren Reichtum als einen gemeinsamen

Reichtum zu betrachten. Wir müssen ihn als göttliches Geschenk erkennen, das dazu bestimmt ist, die Grundbedürfnisse aller Menschen zu befriedigen, um ungerechte oder extreme Situationen zu vermeiden.

Letztlich stellt dieses Buch unser konventionelles Denken über Wirtschaft und Privateigentum in Frage und lädt uns ein, die Welt aus einer umfassenderen, fürsorglicheren und gerechteren Perspektive zu sehen. Es ermutigt uns, die Bedeutung der Sorge um das wirtschaftliche Wohlergehen anderer zu schätzen und Gleichheit bei der Verteilung unserer Ressourcen anzustreben.

Letztlich ist dieses Buch ein dringender Aufruf, die biblischen Lehren über die wirtschaftliche Verantwortung gegenüber anderen in die Praxis umzusetzen und anzuerkennen, dass wir alle Verwalter dessen sind, was wir haben, und uns für eine gerechtere und ausgewogenere Gesellschaft einzusetzen. Es erinnert uns an unsere moralische Pflicht als Gläubige, das Leiden anderer zu lindern und blühende Gemeinschaften aufzubauen, die auf heiligen Prinzipien beruhen.

Werden wir bereit sein, diese Herausforderung anzunehmen, werden wir es wagen, mit etablierten sozialen Normen zu brechen, um göttlichen Plänen zu folgen? Die Antwort liegt in unserer Hand.

Don't miss out!

Visit the website below and you can sign up to receive emails whenever Biblische Predigten publishes a new book. There's no charge and no obligation.

https://books2read.com/r/B-A-SAWHB-XTAED

BOOKS2READ

Connecting independent readers to independent writers.

Did you love *Analyse der Arbeiterbildung im prophetischen Buch Hesekiel*? Then you should read *Analyse der Arbeiterbildung im prophetischen Buch Daniel*[1] by Biblische Predigten!

[2]

Lernen Sie von Daniels Weisheit und Führung für Ihr eigenes Berufsleben! In diesem einzigartigen Buch erfahren Sie, wie Sie Materialismus, moralische Kompromisse und ethische Konflikte inmitten eines Umfelds vermeiden können, das dem Allerhöchsten feindlich gesinnt ist. Erforschen Sie anhand von Daniels lang ersehntem Beispiel, wie Gott Sie als Leuchtfeuer benutzen kann, um andere durch moralische Schwierigkeiten zu führen. *Wenn Sie weiterkommen und dabei Ihre christlichen*

---

1. https://books2read.com/u/3kOQeR

2. https://books2read.com/u/3kOQeR

Überzeugungen bewahren wollen, ist dies das perfekte Buch für Ihre aktuelle Situation!

Also by Biblische Predigten

Die Lehre von der Arbeit in der Bibel
Analyse der Arbeiterbildung im prophetischen Buch Hesekiel
Analyse der Arbeiterbildung im prophetischen Buch Daniel
Analyse der Arbeiterbildung in den prophetischen Büchern
Hosea, Amos, Obadja, Joel und Micha
Analyse der Arbeiterbildung in den prophetischen Büchern
Nahum, Habakkuk und Zephanja
Analyse der Arbeiterbildung in den prophetischen Büchern
Haggai, Sacharja und Maleachi
Analyse der Arbeiterbildung im Matthäus Evangelium
Analyse der Arbeiterbildung im Markus Evangelium
Analyse der Arbeiterbildung im Lukas Evangelium
Analyse der Arbeiterbildung im Johannes Evangelium
Analyse der Arbeiterbildung in der Apostelgeschichte
Analyse der Arbeiterbildung im Brief an die Römer
Analyse der Arbeiterbildung in den Briefen an die Korinther
Analyse der Arbeiterbildung in den Briefen an die Galater,
Epheser und Philipper
Analyse der Arbeiterbildung in den Briefen an die Kolosser,
Philemon und Thessaloniche

About the Author

Diese Bibelstudienreihe eignet sich für Christen aller Stufen, von Kindern über Jugendliche bis hin zu Erwachsenen. Sie *bietet einen ansprechenden und interaktiven Weg, die Bibel zu lernen,* mit Aktivitäten und Diskussionsthemen, die Ihnen helfen werden, tiefer in die Heilige Schrift einzudringen und Ihren Glauben zu stärken. Ob Sie Anfänger oder erfahrener Christ sind, diese Reihe wird Ihnen helfen, Ihr Wissen über die Bibel zu erweitern und Ihre Beziehung zu Gott zu stärken. Geleitet von Brüdern mit vorbildlichen Zeugnissen und umfassender Kenntnis der Heiligen Schrift, *die sich im Namen des Herrn Jesus Christus* auf der ganzen Welt *versammeln.*

About the Publisher

Editor

Elvis A. Betancourt T. 4135 Stoney Creek Dr., Lincolnton, NC 28092 *elvisbetancourtt@gmail.com*

Contáctenos

Preguntas y comentarios generales: *seminitt25@gmail.com*

www.ingramcontent.com/pod-product-compliance
Lightning Source LLC
Chambersburg PA
CBHW061342120726
48001CB00002B/992